南京博物院 编著

大运河的故事

初中版

江苏凤凰文艺出版社
JIANGSU PHOENIX LITERATURE AND
ART PUBLISHING

图书在版编目（CIP）数据

大运河的故事：初中版 / 南京博物院编著 . -- 南京：江苏凤凰文艺出版社，2021.2（2024.8重印）
ISBN 978-7-5594-4983-2

Ⅰ.①大… Ⅱ.①南… Ⅲ.①大运河 – 历史 – 中国 – 中学 – 乡土教材 Ⅳ.① G634.591

中国版本图书馆 CIP 数据核字 (2020) 第 111642 号

大运河的故事：初中版
南京博物院　编著

出 版 人	张在健
策 划 编 辑	张　遇
责 任 编 辑	费明燕　高竹君
校　　　对	万馥蕾　胡雪琪
书 籍 设 计	郭　凡
插　　　画	鹦鹉螺绘本馆
设 计 制 作	南京博书堂文化有限公司
责 任 印 制	刘　巍
出 版 发 行	江苏凤凰文艺出版社
	南京市中央路 165 号，邮编：210009
网　　　址	http://www.jswenyi.com
印　　　刷	南京新洲印刷有限公司
开　　　本	787 毫米 ×1092 毫米　1/16
印　　　张	5
字　　　数	42 千字
版　　　次	2021 年 2 月第 1 版
印　　　次	2024 年 8 月第 4 次印刷
书　　　号	ISBN 978-7-5594-4983-2
定　　　价	15.00 元

江苏凤凰文艺版图书凡印刷、装订错误，可向出版社调换，联系电话 025-83280257

编写组

主　编：龚　良
副主编：张在健　郑　晶

编写组：
于　蓉　王维宇　刘　香　许　越　闫　龙
李　亮　余立新　陈　刚　陈　红　曹　军
（按姓氏笔画排序）

目录

6　第一章　大运河与早期运河

7　　第一节　运河的由来
11　　第二节　世界的遗产
13　　第三节　生而为战，泽被乡民——胥河
15　　第四节　千里运河的原点——邗沟
18　　第五节　运盐故道之首——茱萸沟
20　　第六节　翻越岗坡的运河——破岗渎

22　第二章　隋唐大运河

23　　第一节　隋炀帝的统一梦
27　　第二节　洛阳——隋唐大运河的中心
30　　第三节　天下粮仓
33　　第四节　扬州——遣唐使的中转站
36　　第五节　都水监与"清汴工程"

40　第三章　京杭大运河

41　第一节　裁弯取直

44　第二节　纵贯南北

47　第三节　河道总督衙门

49　第四节　漕运总督

52　第五节　漕帮与盐商

54　第六节　郭守敬与潘季驯

57　第七节　康熙南巡与乾隆下江南

62　第四章　大运河带来美好生活

63　第一节　守护家园的堤坝

65　第二节　造福百姓的桥梁

68　第三节　繁忙的码头

71　第四节　枕水的城镇

73　第五节　昆曲与京剧

76　第六节　衣被天下

78　第七节　流动的美味

第一章
大运河与早期运河

古邗沟

第一节

运河的由来

"运河"是指人工开凿的通航河道,主要目的是通过沟通不同河流、水系和海洋来发展水上运输,同时具备灌溉、分洪、排涝、给水等综合功能。"运河"这一称谓,最早出现于北宋欧阳修等人编撰的《新唐书》中:"开成二年夏,旱,扬州运河竭。"宋朝之前,运河各段均以"渎""沟""渠""水""河"等命名,如破岗渎、邗沟、永济渠等。

我国的天然河流资源丰富,水路运输省钱又省力,因此很早便为人们所重视和利用。但由于我国地势西高东低,绝大多数河流为东西走向,制约了南北间的交通往来,不利于南北地区经济文化的交流发展。于是,人们设法开凿南北走向的人工河流——运河。

中国的运河开凿历史悠久,最早可追溯至商朝末年,周太王长子泰伯领民众开凿的泰伯渎(又称伯渎河、太伯河等)。此后,直到隋朝以前,历朝历代开凿了一些规模不等的运河，既有用于军事上的邗沟，又有运盐专用的茱萸沟，还有担负粮食运输重任的破岗渎等。但这些运河规模都不大，而且互不连贯，时兴时废，没有形成一个完整的水运系统。因此，这个时期所开凿的运河被统称为"早期运河"。

"大运河"一词最早出现于南宋的《咸淳临安志》中："过东仓新桥入大运河。"现在，我们所说的"中国大运河"，是隋唐大运河、京杭大运河和浙东运河的总称。它由人工河道和部分天然河流、湖泊共同组成，地跨北京、天津、河北、山东、河南、安徽、江苏、浙江8个省市，是世界上线路最长、规模最大的运河。

从605年起，隋炀帝征发几百万人，在天然河道和古运河的基础上，开通了一条纵贯南北的大运河，即隋唐大运河。它以洛阳为中心，南起杭州，北到涿郡（今北京），全长2700余千米，贯通黄河、海河、淮河、长江、钱塘江五大水系，成为中国古代南北交通的大动脉。后经元朝取直疏浚，运河缩短900余千米，全长1794千米，成为现今的京杭大运河。浙东运河位于中国大运河最南端，全长200余千米，西起杭州，经过绍兴，东至宁波入海，与海上丝绸之路相连，促进了中国与日本、韩国、东南亚等国家和地区的海路交通和商贸往来。

中国大运河线路示意图

    同为中国古代劳动人民创造的伟大工程，大运河与长城并立于世。清朝乾隆年间，朝鲜使者朴趾源目睹运河之景象后，在《热河日记》一书中赞叹大运河"舟楫之胜可敌长城之雄"。如果说长城是凝固的历史，那么大运河就是流动的

苏州盘门，由两道水门、陆门和瓮城、城楼、两侧城垣组合而成，是全国仅有的一座水陆并存城门

文化。它作为贯通中国南北的大动脉，不仅对中华民族政治的统一、经济的发展、民族的交融和南北文化的交流做出了不可磨灭的贡献，而且改变了中国古代城市的空间布局，促进了沿河城市的繁荣发展。

如今，经过近年来持续的治理，大运河航运逐渐恢复，还成为南水北调的主要路径。2019年，国家出台了《大运河文化保护传承利用规划纲要》，提出要打造千年运河的国家品牌，将大运河文化保护传承利用上升到国家战略高度，古老的大运河将重新焕发出青春的活力，继续造福万民。

第二节

世界的遗产

大运河不仅在中国是独一无二的,在世界上也是无可比拟的。2014年6月22日,在卡塔尔首都多哈举行的联合国教科文组织第38届世界遗产大会上,中国大运河被列入《世界遗产名录》,成为中国第46个世界遗产项目。成功入选的中国大运河遗产共涉及中国8个省、直辖市,河道遗产27段,以及运河水工遗存、运河附属遗存、运河相关遗产共计58处遗产点,典型河道段落总长度1011千米。

大运河符合世界文化遗产的四条标准:

第一,中国大运河是巧夺天工的杰作。它历经2500多年,贯通南北,鼎盛时期长度超过2000千米,完全依靠人工完成,证明了人类的智慧、决心与勇气,是人类非凡创造力的杰出典范。

第二,中国大运河是漕运文化的独特见证。中国大运河见证了中国历史上已消逝的一项特殊制度——漕运的形成、发展、衰落的过程,以及由此产生的深远影响。

第三，中国大运河作为世界上最长、最古老的运河，至今部分河段仍在使用，是一项了不起的水利工程，充分展示了古代东方先进的科学技术和建造能力，是世界运河工程史上的里程碑。

第四，中国大运河一直是中国政治、经济和文化的沟通枢纽，影响着运河沿岸人民的生活方式和文化，促进了中国的南北交融和统一。

大运河是当之无愧的世界遗产。

运河中的行船

第三节

生而为战，泽被乡民——胥河

在江苏省南京市高淳区，有一条开凿于春秋时期的人工运河——胥河。胥河横贯高淳境内，西起固城湖，东至溧阳，向西连接长江支流，向东连接太湖水系，全长约31千米，河宽20～160米，两岸盛产稻米、茶叶。

春秋时期，吴国大夫、军事家伍子胥开凿胥河，主要目的是为吴国伐楚运输粮草和兵员。

伍子胥原为楚国人，他的父亲伍奢是棠邑（今南京六合境内）第一任行政长官。楚平王七年（公元前522年），平王听信谗言，将楚国大将伍奢全家300余口斩首，只有伍子胥侥幸逃脱。伍子胥辗转逃到吴国后，将刺客专诸推荐给公子光，用鱼腹藏匕首之计成功刺杀了吴王僚，公子光即位，即吴王阖闾。

伍子胥辅佐阖闾使吴国逐渐强盛起来，他利用阖闾的争霸野心推动伐楚。吴楚都是善于水战之国，都有大片沼泽地带，更有大江和淮水沟通。在今天的高淳东坝附近，有一道山梁，阻隔了吴楚两国的水道。胥河凿通后，据说当年吴国6万水军由太湖出发，沿河悄悄西进，突然出现在巢湖楚军面前，结果五战五捷，攻破楚国都城郢，伍子胥终于报了父兄之仇。

虽然胥河的开凿是为了吴王伐楚的军事用途，但是千百年来，这条河流日益成为江南的重要交通运输水道，终日舟楫往来，商贾云集。它给当地的发展、百姓的生计带来了诸多益处，既避免了吴地的水患，又便利了漕运和灌溉。

今天的"国际慢城"高淳

第四节

千里运河的原点——邗沟

邗沟是沟通长江与淮河的古运河，南起扬州以南的长江，北至淮安以北的淮河，是世界文化遗产——中国大运河的重要组成部分，也是大运河上最早开凿的一段河道，被誉为"千里运河的原点"。

邗沟开凿于公元前486年的春秋时期，至今已有2500余年。当时，各诸侯国相互攻伐兼并，战事连绵不绝。吴王夫差在打败越王勾践后，野心膨胀，意欲北上伐齐，称霸中原。为避开海运风高浪急的风险，夫差充分发挥吴国在开河、造船方面的优势，开凿了邗沟，沟通江淮，为北上争霸运输军队和粮草。通过邗沟，吴国成就了短暂的霸业，随即被"卧薪尝胆"的越王勾践反击灭国。

邗沟充分利用了长江与淮河之间湖泊密布的自然条件，连湖成"沟"。它的路线曲折迂回，自长江向北，穿行于各个天然湖泊之间，最后由射阳湖向西北流入淮河。为开凿邗沟，吴王夫差役使了大量民力，史书上用"举锸如云"来形容当时的场面，可见声势之浩大。

　　吴王夫差不仅开凿了邗沟，还修建了邗城作为北上称霸的前敌指挥部，这是扬州历史上第一座城池。当时的邗城，西可抗强楚，北上可争霸中原，东临大海，可控江淮入海口，南接长江，可以直达吴国腹地，整座城就是一处军事重地。

　　公元前319年，楚怀王重修邗城，改城名为"广陵"，从此"广陵"成了扬州的别称。至隋唐时期，隋炀帝全线开凿大运河，亦以扬州为中心，在邗沟的基础上进行南北扩掘和连接。在此后的漫长岁月中，古运河河道虽历经迁徙，但扬州的中枢地位从未改变。邗沟是最早的大运河，扬州则是最早的也是中国唯一的与古运河同龄的"运河城"。

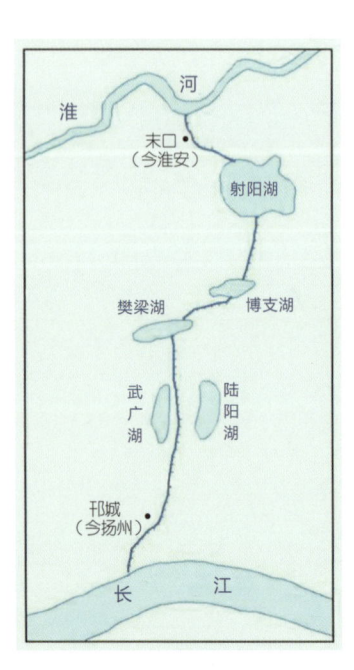

古邗沟碑　　　　　　　　　　　春秋时期邗沟示意图

运河诗词：古诗中的邗沟

维扬送友还苏州

〔唐〕崔颢

长安南下几程途，得到邗沟吊绿芜。
渚畔鲈鱼舟上钓，羡君归老向东吴。

秋日三首（其一）

〔宋〕秦观

霜落邗沟积水清，寒星无数傍船明。
菰蒲深处疑无地，忽有人家笑语声。

邗沟

〔明〕岳岱

隋皇昔日锦帆游，吴楚分疆是此沟。
两岸烟花迷贾客，万家杨柳挂新秋。
北瞻燕阙三千里，西望金陵十四楼。
淮海岷江都会地，繁华雄盛古扬州。

第五节

运盐故道之首——茱萸沟

茱萸沟是邗沟的一条支道，西起扬州茱萸湾，经海陵仓（今泰州），东至如皋，直达东海之滨（后海岸线东扩），为南通、泰州、扬州 3 市及其沿岸各市县的主要航道。茱萸沟是西汉文景时期吴王刘濞开凿的一条人工运河，当时开挖这条运河的目的，主要是运盐，所以又被称为运盐河。

刘濞是汉高祖刘邦的侄子。公元前 195 年，20 岁的刘濞因跟随刘邦平叛有功，受封吴王，统辖 3 郡 53 城，定都广陵。吴地物产丰富，地理资源得天独厚。刘濞在封域内利用铜矿资源招募天下亡命之徒偷偷铸钱，又在东边沿海煮海水为盐。为便于开采海盐并运至都府广陵，他下令专门开挖了茱萸沟，将江淮水道与东部产盐区连接起来，沿海盐场的盐由此不断通过水运集中到广陵，继而销往周边不产盐的诸侯国，"以故无赋，国用饶足"。财富的积累，膨胀了刘濞的野心，公元前 154 年，吴王刘濞联合其他六个诸侯国，发动了"七国之乱"。叛乱仅 3 个月就被平定，刘濞兵败身亡。

刘濞之后，茱萸沟虽时通时塞，几经改道，但至明朝仍是运盐故道之首。南来北往的船舶都从此经过，一度催生出繁华的商贸集聚地。日本圆仁和尚的《入唐求法巡礼行记》记载了运盐河的繁忙景象："半夜发行。盐官船积盐，或三四船，或四五船，双结续编，不绝数十里，相随而行。乍见难记，甚为大奇。"茱萸沟的开凿，开启了扬州盐业之先河，扬州盐业此后延绵不绝，成为历代朝廷的赋税大户。

经疏浚与延伸，茱萸沟最终直达南通。1909年，这条运河正式更名为通扬运河，并一直沿用至今。今天的通扬运河是江淮东部的骨干河道，依旧发挥着航运、排涝、灌溉的功能。

刘濞开运河，为吴国特别是吴都广陵带来了空前的繁荣，扬州百姓因此视刘濞为财神。他们为缅怀前后两位吴王——夫差、刘濞的开河之功，在古运河岸边建起了一座邗沟大王庙（俗称财神庙），供奉二王，香火旺盛，尤以农历正月初五为最。如今，重修的大王庙大殿上方悬挂着一块匾额，上书"恩被干吴"四个金色大字。殿前抱柱上有副楹联耐人寻味："曾以恩威遗德泽，不因成败论英雄。"

第六节

翻越岗坡的运河——破岗渎

破岗渎（又作"破冈渎"）位于南京市江宁区和镇江市下辖的句容市境内，从句容春城小溪村向东，经何庄、毕墟等地入丹徒宝堰通济河，长约15千米，是南京历史上最早的越岭运河。

破岗渎，顾名思义，就是切开山冈通水作河。它始建于三国时期，当时曹操为统一天下，在北方大力开凿运河，用以运输军队和物资。为了阻止曹魏南进，维系吴国割据，孙权也积极利用运河航运增强国力，派校尉陈勋率屯田兵3万在句容茅山以北的丘冈地带开凿一条人工航道，就是有名的破岗渎。

吴国的主要经济区在太湖流域，而都城却在建业（今南京）。破岗渎开凿之前，物资需先用船经东南运河运抵京口（今镇江），然后离开京口进入长江，逆流数百里运到建业。那时长江的入海口在京口一带，风大浪急，小船常常要冒船毁人亡的风险，同时水运绕道京口，路途也遥远。破岗渎的开凿，沟通了秦淮河与太湖流域，成为六朝都城与三吴地区（吴郡、吴兴郡和会稽郡）水上交通的生命线，对地区经济文化发展起到推动作用。

由于地势高，破岗渎的蓄水量有限。渠身不够宽，船不能并行其间。每值冬、春旱季，行船更是不便。到了南朝梁武帝萧衍在位期间，为避太子萧纲名讳，将破岗渎改名为破墩渎，予以废弃。同时，为了满足都城建康（今南京）对三吴地区大量物资的需求，开凿上容渎取代破岗渎。

小贴士：梯级运河

破岗渎属梯级运河，共分13段，筑有14道土埭（即堵水的土坝），将水位提高了16～18米，成为有记载的最早完全用建筑物控制的运河。过埭时，要用牛牵绳引船，通过沿途上下各埭，航船才能层层抬升至最高点，再下航到达目的地。

第二章
隋唐大运河

吴江古纤道

第一节

隋炀帝的统一梦

随着南北政治、经济和文化的发展,早期运河已无法满足大一统王朝的社会需要,尤其江南地区在全国经济生活中的地位日益重要,沟通南北水道成为当务之急。

隋朝的建立,结束了魏晋南北朝300多年的分裂局面,中国复归统一,为南北各段运河的大规模开凿和整治奠定了基础。

隋朝开河,是通过疏浚、拓宽或新凿的方式,将若干天然河流和前期部分地方性运河连成一体,从而形成纵贯南北的大运河。隋炀帝修大运河分为四段:通济渠、邗沟、永济渠、江南运河。在此之前,隋文帝已对部分前朝故道进行了疏浚。

通济渠是隋唐大运河的首期工程,北起洛阳,南至山阳(今淮安)。隋朝营建东都洛阳后,为方便江南物资往北方运,征用河南、淮北诸郡百余万民夫开挖此渠,从洛阳引谷水、洛水入黄河,再引黄河水入淮河,联通了黄河与淮河。

邗沟北起山阳，南至江都（今扬州）。隋炀帝征用淮南十余万民夫，对邗沟进行了全面整治。加宽加深后的邗沟，将淮河和长江连接了起来。

通济渠和邗沟全长1000多千米，河道开挖和整治仅用了5个月时间，在当时主要靠人工开凿的条件下，工程之巨、工期之短堪称中外工程史上的奇迹。

后来，隋炀帝出于北方征战的军事目的，下令开凿北通涿郡（今北京）的永济渠。永济渠分南北两段，南段自洛阳的黄河北岸至天津，北段自天津至涿郡，两段全长约950千米。

之后，隋炀帝又下令整修江南运河。隋朝的江南运河是在前朝运河基础上疏浚而成的，从江都对面的京口（今镇江）至余杭（今杭州），全长超过400千米。

通济渠、邗沟、永济渠和江南运河，这四条运河既为独立的运输渠道，又相互联系沟通，形成了贯通南北的大运河。隋炀帝开凿大运河，使黄河流域和长江流域融为一体，对国家统一、物资运输、南北经济文化交流、两岸城市兴盛繁荣等起到了推动作用，对隋朝以后的唐宋经济发展产生了深远影响。

知识窗：诗画中的隋炀帝

汴河怀古二首（其二）

〔唐〕皮日休

尽道隋亡为此河，至今千里赖通波。
若无水殿龙舟事，共禹论功不较多。

　　这首诗客观公允地评价了隋炀帝开通大运河的历史功绩。它的释文如下：一直以来人们都认为隋朝灭亡就是因为劳民伤财修了这条大运河，但从运河开通至今，南北沟通还都要依靠它。如果不是修龙舟巡幸扬州的事情，隋炀帝的功绩可以和大禹平分秋色。

《历代帝王图》中的隋炀帝杨广像。据传，此画卷由唐朝画家阎立本绘制，今天流传下来的是它的宋朝摹本，收藏在美国波士顿美术博物馆

知识窗：扬州隋炀帝墓的发掘

618年，隋炀帝巡游扬州期间，禁卫军发动兵变，推举重臣宇文化及为首领，并缢死了隋炀帝杨广。

2013年4月，为配合城市基本建设，扬州市文物考古研究所在邗江区西湖镇一处房地产项目工地发现了两座残存的古墓。经抢救性考古发掘，发现两墓为隋末唐初砖室墓，西侧墓中出土一方墓志，铭文中有"隋故炀帝墓志"等字样，显示墓主为隋炀帝杨广。在此墓中还出土了鎏金铜铺首、金镶玉腰带等文物。

墓志铭文记载墓主去世时间为"大业十四年"，即618年，与史实相符。

隋炀帝墓考古出土墓志

第二节

洛阳——隋唐大运河的中心

隋唐大运河是以洛阳为中心，向东北、东南开挖的，北至涿郡（今北京），南至余杭（今杭州）。从地图上看，大运河就像两条有力的臂膀，从洛阳出发，分别向东北、向东南延伸，紧紧地拥抱着经济发达的中国东部大地。

隋朝建立之初，定都大兴（今西安）。但是当时首都地处西部，交通极不方便。随着隋王朝政治经济的发展、人口的增加，附近州县的粮食产量已不能满足京城所需，若遇到灾年歉收，只能去丰收的地区要粮食吃，古代称之为"就食"。隋文帝时期，便发生过几次大灾荒，隋文帝只好带着百官和饥荒百姓，长途跋涉去洛阳"就食"，还因此被戏称"逐粮天子"。与此同时，东部地区尤其是江南一带经济发展迅速，每年都有余粮，这些余粮运到洛阳比较容易，但要运到大兴很费事，可谓远水难救近火。加上隋朝初年，江南叛乱，朝廷意识到要加强对江南的控制，于是决定发展洛阳。

隋炀帝即位当年，便下令营建"东京"洛阳。根据史书记载,当时筑城只用了10个月,每月役使民工200万人。洛阳城内的建筑相当雄伟,极尽奢华,消耗的人力、物力、财力也极为巨大。比如,建造宫殿用的大型木材采自南方的豫章郡(今江西),一根木头需要2000人拖拽,用生铁做的轱辘运送。由于运送的难度很大,且路途遥远,民工劳累不堪,许多人累死在路上。东京建成后,隋炀帝下诏,命令附近居民和天下各州的数万户富商迁居洛阳,一时洛阳人口充实,商贾云集,百业兴旺,热闹非凡。

过了几年,隋炀帝为进一步强化洛阳的作用,更是对其进行地位升级,改"东京"为"东都"。此后东都洛阳名为陪都,实为京师,成为隋朝掌控东南地区的政治中心。

为了保障洛阳的物资供应,调用长江下游地区的丰富物产,隋炀帝开凿了隋唐大运河。隋唐大运河的整体性客观上反映了国家社会的整体性,形成了以洛阳为中心,西通关中盆地,北抵河北平原,南达太湖流域的政治、经济、文化网络。

到了唐朝,洛阳又进一步完善,武则天掌权以后改称"神都",并沿城市中轴线兴建了对应天上七大星座的"七天建筑"。大运河穿城而过,宫苑林立,神都富丽堂皇,美如天宫。隋唐大运河的开通,使洛阳成为陆上丝绸之路、隋唐大运河唯一的交汇点,而隋唐大运河又是联通陆上丝绸之路与海上丝绸之路的主要纽带,因此洛阳也是2014年丝绸之路、大运河双"申遗"成功的城市。

洛阳作为隋朝和唐朝的都城,到五代、北宋时仍在使用,历时500余年。洛阳能够长期作为全国政治、经济、文化、交通与国际交往的中心之一,隋唐大运河发挥了不可替代的重要作用。

洛阳的龙门石窟是一座石刻艺术宝库。画面中的几尊佛像为隋唐时期所造,居中的主佛据说是根据武则天的容貌仪态雕刻的

第三节

天下粮仓

洛阳的繁盛伴随着巨大的粮食需求，从隋朝开始，在洛阳周边及大运河沿线修建了许多大型粮仓，用来存储从南方产粮区运来的粮食，大运河一度成为"运粮河"。

现在已经考古发掘的隋唐粮仓有洛阳的回洛仓、含嘉仓，河南浚县的黎阳仓等。这些粮仓规模庞大，管理规范，担负着京城储粮的重任，维系着国家的正常运转，是大运河千年漕运的见证。回洛仓是隋朝的"国家粮仓"，建于隋炀帝迁都洛阳以后，位于洛阳城外，其主要功能是为洛阳都城内的皇室和百姓供应粮食。整个粮仓区域为长方形，面积相当于50个国际标准足球场，分为仓窖区、管理区、道路和漕渠4个部分。仓窖区用来储存粮食，各个仓窖的形制基本一致，且排列有序。考古人员根据已经发掘的仓窖尺寸进行推测，当年每个仓窖能储放粮食约27.5万千克。钻探结果显示出回洛仓有仓窖700座左右，储存粮食的总量巨大。隋朝末年，农民大起义，处在城外的回洛仓成为争夺目标，先是被瓦岗军夺取,后来又被李世民攻下。粮仓失守,洛阳城瞬间陷入断粮的危险境地。因此,唐朝建立之后,吸取了粮仓在城外容易受到攻击的教训,转而重视洛阳城内的国家粮仓,回洛仓从此被废弃。

含嘉仓位于洛阳城内,始建于隋朝,唐朝一直沿用并扩充完善,成为唐朝的国家粮仓,一直使用到宋朝。含嘉仓四周有城墙和城门,防范森严;也有漕运码头,交通便利。据史料记载,唐玄宗天宝八年(749年),含嘉仓的粮食储量接近当年全国粮仓总储量的一半,自那以后,含嘉仓拥有了"天下第一粮仓"的称号。到了南宋时期,由于政权式微,被迫迁都临安,含嘉仓也就被弃用了。

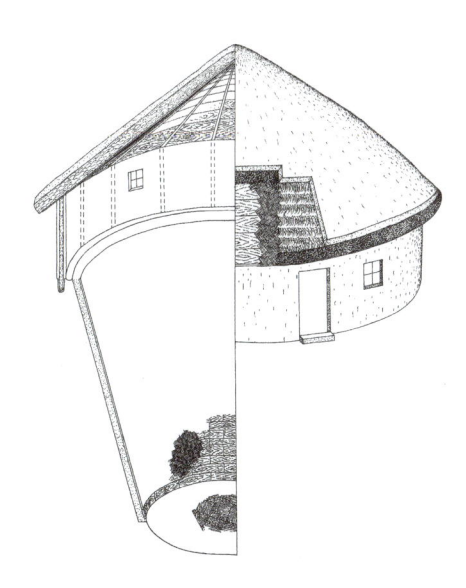

含嘉仓仓窖遗迹和复原示意图

与回洛仓、含嘉仓的储粮功能不同，黎阳仓主要用来转运粮食。它位于黄河与永济渠之间，在黎阳仓的中北部有一条深8米的河道，形成了粮仓与黄河、永济渠相互贯通的漕运水系。它是隋唐时期国家粮食转运基地，也是隋唐时期平定东北边境的后方物资供应基地，具有重要的战略地位。

这些规模庞大的粮仓，是如何长期储存粮食的呢？

首先，粮仓选址十分科学。这些粮仓处于地势较高的地方，土质相对比较干燥。其次，防潮处理到位。在修建粮仓时，把窖底、窖壁修整光滑后，还要用火烘干四周的土层，然后在底部铺上一层吸水性极强的草木灰，上面铺木板。在储存粮食时，用两层草席中间夹一层谷糠作为分隔层，将粮食分成很多层，这样既保证了不会出现"一粒米坏了一锅粥"的情况，又防止过厚的稻谷层发热。此外，人们还会在每一个粮窖上方种上一棵小树苗，如果小树苗开始发黄，就说明下方的粮食有可能发热、发芽了。正是这一步步的巧妙设计和保护，才造就了"储粮千年而不腐"的奇迹。

这些粮仓与大运河一起构筑起生命线，折射出当时的军事信息，漕运情况，建筑、防潮技艺，粮食管理制度等珍贵历史侧面。到了明清时期，江苏淮安成为漕粮转运中心，位居运河沿线四大转运仓之首，于是也有了"天下粮仓"的美誉。

第四节

扬州——遣唐使的中转站

扬州位于大运河与长江交叉口，与大运河邗沟段同期修建，它因水而生，因水而兴。隋唐大运河的凿通，使扬州逐渐发展成为中国历史上第一个以工商业闻名的国际化大都市，同时也是文化交流的重要城市，历史上有"扬一益二"之称。

唐朝时期，经过"贞观之治"和"开元盛世"，社会稳定，经济繁荣，文化昌盛，对外开放，中国在当时成为亚洲乃至世界的经济文化中心。而日本刚刚确立封建制度，对大唐帝国羡慕不已，主动派遣唐使到中国学习。遣唐使来华，其中一条重要的线路便是横渡东海至长江口，沿江而上经苏州、扬州转往长安(今西安)。

扬州作为日本遣唐使来中国中转之地，为中日交流做出了突出贡献。扬州高僧鉴真不畏艰险，东渡日本，传播唐朝多方面的文化成就，正如郭沫若先生题诗所言："舍己为人传道艺，唐风洋溢奈良城。"在大海的另一端，日本遣唐使

高僧鉴真曾做过扬州大明寺的住持，为了纪念他，今天的扬州人民在大明寺内复建了唐式风格的栖灵塔

中也有一位高僧，历尽艰辛来大唐求法。这位高僧名叫圆仁，于838年随团抵达扬州。圆仁在扬州停留了200余天，与不少僧人往来问学，后滞留大唐9年，回国后撰写了《入唐求法巡礼行记》，全书有近600条记事，描述了当时唐朝的政治、社会与佛教发展状况，可以说是一本内容丰富且极为珍贵的壮游行记，甚至成为后来日本僧人到中国求法的导览书。

唐朝以后，扬州仍是全国发达的商业都会和经济中心之一。明清时期，扬州更成为南漕北运的咽喉和各省食盐的集散地，清朝税收的四分之一来自扬州，以豪奢出名的乾隆皇帝下扬州时也曾感慨："富哉商乎，朕不及也！"

运河的变迁对扬州的经济发展与社会文化生活产生了重要影响，突显了扬州作为东南漕运中心、商品集散中心与中外友好往来重要港口的枢纽地位，繁荣了扬州运河沿岸的市镇经济，打通了苏南苏北的联系，形成了扬州文化的包容性与开放性。

瘦西湖融南方之秀、北方之雄于一体，是扬州园林的代表

第五节

都水监与"清汴工程"

　　水道是中国古代社会最为重要的运输通道，对经济、军事、交通和文化发展具有举足轻重的作用。因而，历朝历代都设有专门机构管理水利，以保障河道的安全与正常运转。

　　都水监起源于西晋武帝时设置的都水台，经魏晋南北朝，至隋唐五代近700年的发展演变，逐渐由一个位卑权轻的临时治水机构转变为中央机构。北宋中后期，随着黄河水患日益严重，中央政府建立起了机构庞大、职权广泛的都水监治水体制。

　　北宋是中国历史上一个富足的王朝，发达的运河网路和先进的运河管理制度是国家经济繁荣的基石。都城开封拥有以汴河（通济渠）、五丈河（广济河）、蔡河（惠民河）、金水河为主的运河网路系统，往外延伸形成了可以覆盖全国的水路交通网。因隋炀帝开凿运河时，引黄河为水源，导致河床不断淤高，加之黄河河道时有变化，造成开封城内最重要的运河——汴河的水口无法固定。北宋初期，汴河的畅通要通过每年一次的疏浚来实现，后来为了节省开销，减少了疏浚次数，汴河河床便越来越高，形成了"地上河"，不得不靠反复修筑堤岸来维持畅通。

宋朝的皇帝们清楚地知道，治沙是治理汴河的关键。他们先是采纳都水监的建议整修堤岸，通过缩小水面、抬高水位，利用强劲的水势冲走泥沙。但是这个方法治标不治本，没有彻底解决汴河沿线的泥沙沉积问题。后来又实施"导洛通汴"，即引导泥沙较少的洛水作为汴河水源，取得了很大成功，既保证了汴河的畅通无阻，又避开了因黄河水位变化带来的泥沙沉积、水口变动等问题，在中国运河史和中国水利工程史上都是成功案例，史称"清汴工程"。

汴河不仅是古城开封的一条生命线，更是北宋国家命脉之所在，北宋人称之为"建国之本"，故而政府"置官以司之，都水监总察之"。北宋由汴河每年漕运江、淮、湖、浙粮米到开封，有800万石。朝廷重视、水利专家殚精竭虑、老百姓群策群力，共同保障了大运河的畅通无阻，造就了北宋汴河两岸的繁华，孟元老的《东京梦华录》和张择端的《清明上河图》都对汴河的繁盛进行了细致描绘。

38

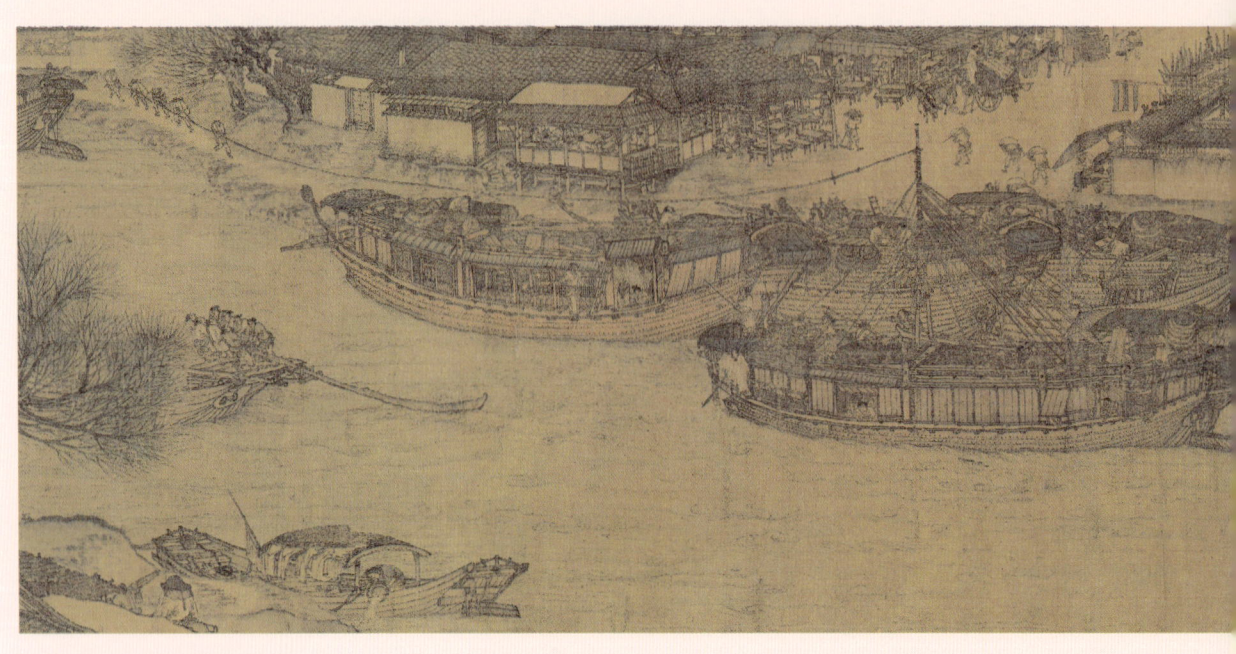

《清明上河图》（局部）

故宫博物院收藏的《清明上河图》是一幅5米多长的画卷，生动记录了北宋都城开封的城市面貌和社会经济状况，描绘了汴河两岸的自然风光和繁荣景象。

第三章 京杭大运河

清名桥历史文化街区

第一节

裁弯取直

随着元朝建立，定都大都（今北京），中国的政治中心北迁。大都的军需民用物资，特别是粮食，需要从南方调运，因此运粮道路的畅通事关元朝政权的巩固与维持。而当时，物资从江南运到大都，困难极大。走海运风高浪急，粮船沉没、船员溺亡事件时有发生，风险大，代价高；若走原先的隋唐大运河，因其年久失修，部分河道壅塞，需从其他水路转运，线路曲折迂回，运粮效率低，一年下来运送的粮食远不能满足大都的需求。因此，元朝统治者迫切需要一条从大都直达江南的安全水道。为了缩短隋唐大运河绕道洛阳的航线，元朝先后挖通了济州河、会通河和通惠河，串连起从杭州到大都的径直水路，对大运河进行了裁弯取直。

山东境内是大运河取直工程的关键地段。元初，山东济宁以北没有水道，于是引附近河水作为水源，开凿了从济宁到东平的济州河，之后又挖通了从东平到临清的会通河，临清往北直到通州便是原来隋唐大运河的河段了。

这样一来，运粮的漕船可以从徐州北上直达通州，不必再绕道河南。然而，从通州到大都的最后一段路程却阻碍重重。南方及沿岸各地粮食物产由水路运到通州后要先卸船，再由人力、畜力转运大都，路上会产生大量的折耗。后来，在水利专家郭守敬的主持下，大都和通州之间开挖了一条运河——通惠河，解决了最后一程的转运问题。

至此，北起大都，南至杭州，由通惠河、会通河、里运河（即邗沟）、江南运河等水道组成的全长1794千米的京杭大运河全线贯通，将隋朝的"之"字形运河路线拉直，缩短航程900多千米，大大方便了南北之间的交通运输，开创了南北经济、文化交流的新时代。据文献记载，元朝中后期，每年最高有200万～300万石粮食从南方经通惠河运到大都。京城的粮仓随之蓬勃发展，总储量高达740万石。

明清两朝，大运河在原有基础上，又进行了局部扩建和整治，进而成为全国交通大动脉。京杭大运河方便了漕运和盐运，促进了沿岸城市的迅速发展，加强了南北文化交融，增强了北方与江南地区的联系，为社会的繁荣发展做出了重要贡献。

知识窗：宿迁中运河

宿迁段运河两岸环境优良，是苏北航运的黄金水道和南水北调的主要通道。宿迁地区拥有三个不同时期的运河河道，一是隋唐大运河之通济渠入淮河的尾端，二是元明时期曾作为京杭大运河主航道的黄河故道，三是在清朝康熙年间开挖的中运河（又名中河）。

1686年，河道总督靳辅采取"黄运分立""避黄济运"方针，在淮阴黄河北岸遥堤和缕堤之间开挖一道河流，经桃源县（今泗阳）、宿迁县城东侧至支河口，1688年春竣工，因位于两堤之间，故命名为"中河"。中运河使南北航运避开了黄河的险阻，它的开凿是奠定京杭大运河走势的最后一次大型工程，标志着大运河全段完全实现了人工控制。

中国大运河宿迁段上的世界文化遗产点——宿迁龙王庙行宫

第二节

纵贯南北

大运河是中国古代最具复杂性、系统性、综合性的大型水利工程，古人凭借自己的聪明才智和几千年来在治水实践中积累的丰富经验，创造性地建设了宏大的水利工程体系和完善的管理系统，综合解决了汇水、引水、节水、行船、防洪等难题。

水源供应是运河正常运行的基础。大运河一般通过修建水渠引用泉水和天然河流，或利用湖泊、水柜（即水库）等供水。如大运河会通河段历来水源短缺，为解决水源问题，除引汶水、泗水外，还引用泉水，因而又有"泉河"之称。明朝时，会通河先后疏通水道，泉源最多时有 336 处，清朝乾隆年间更增至 478 处。

此外，人们还利用水柜来调节运河供水。水柜最早出现于北宋，因为看上去像一只顶层敞口、用来储水的柜子而得名。水柜或建在山丘地区截取溪流，或筑在运河两岸洼地蓄积地面坡水、泉水，或从天然河流引水，均设闸控制。当运河发生洪水时，水柜蓄水；干旱缺水的时候，再把水从水柜注回运河。杭州的西湖、北京颐和园内的昆明湖等，在初建的时候都有向运河供水的功能，其实也是水柜。

京杭大运河纵贯南北，河道的地势落差有40多米，会通河段的南旺镇（位于济宁市汶上县）河道最高，素有"运河屋脊"之称。此处运河水量不足，经常断流。明朝时，工部尚书宋礼奉命治理会通河，他采纳了经验丰富的"运河老人"白英的建议，修筑堽城坝和戴村坝，引汶水在南旺入会通河，同时疏浚三湖（马踏湖、南旺湖、蜀山湖）作为水柜，多建闸坝，通过各湖区和河流的闸门或斗门与运河相连接，调节水量以保证漕运畅通，形成了系统性的南旺分水枢纽工程。这一工程的科学价值和技术水平可与李冰父子的都江堰媲美，创造了世界水利工程史上的又一奇迹。

为了管理水源、保证通航，大运河上还修建了很多船闸。中国是世界上最早发明船闸的国家，也是最早建造多级船闸的国家。423年，扬州附近运河建造的两座斗门（相当于单闸），是京杭大运河上最早的闸门。北宋创建的真州闸，是世界上最早的复式船闸。元朝为解决船队翻山问题，建造了世界上最早的梯级船闸。此外，还有借助潮水引船只顺利进入运河的"潮闸"，集复式船闸与蓄水设施于一体的"澳闸"等。

中国大运河因其具有的重大科技价值而被国际社会广泛认可。作为世界上延续使用时间最久、空间跨度最大的运河，它在维护国家的长期统一，促进南北地区社会、经济、文化协调发展方面做出了卓越贡献。

知识窗：南水北调工程

我国水资源时空分布不均，南方水多，北方水少。为了解决北方地区的严重缺水问题，我国实施了规模庞大的南水北调工程，即把中国长江流域丰盈的水资源抽调一部分送到华北和西北地区。该工程有东线、中线和西线三条调水线路，其中东线工程便是依托京杭大运河开展的。

2002年，京杭大运河被纳入南水北调东线工程，从扬州附近三江营抽引长江水，穿过黄河，送水到天津。输水干线利用京杭大运河以及与其平行的河道输水，一路向北穿黄河后流到天津，另一路向东供水到胶东地区。

京杭大运河和南水北调东线，一个借水行舟，一个是借河调水，两者互为依托，相得益彰。南水北调工程的实施，让古老的京杭大运河获得新生，大规模的调水和治污不仅为断流和生态功能系统修复带来机会，而且也使大运河的整体性保护规划成为可能。

第三节

河道总督衙门

南北贯通后的京杭大运河，成为元明清三朝的交通生命线。为了确保这条生命线畅通无阻，历代都设置了专门机构，对运河事务进行规范管理和精心维护。其中，河道总督衙门（历代名称不完全相同，简称河道总督衙门）是管理、治理运河的最高行政机构，治所先后设在山东济宁、江苏淮安。

济宁地处京杭大运河中段，地理位置特殊，被誉为"河都"，史称"南控江淮，北接京畿""闭则锁钥，启则通关"。济宁一带地势高耸，给运河的南北直航带来了很大不便，这里既有运河航道之"水脊"，又有黄运交汇之"纠葛"，堪称全线的"老大难"。因此，元明清三个朝代都把济宁段河道的治理与维护视为贯通大运河的关键，不惜耗费巨资全力经营。

河道总督衙门作为疏通、管理、保卫运河的机构，早在元朝就驻扎在济宁，当时沿用旧制，仍称都水监。明朝在济宁开设河道总督衙门，最高长官由朝廷任命，负责整个大运河的管理。清朝沿袭明朝制度，先后任命了119任河督，其中不乏正一品大员。康熙年间，因黄河决堤，危及淮扬运河，河道总督靳辅就近驻扎在清江浦（今淮安）指挥抢险。之后，总督衙门一度移驻清江浦，淮安作为河道治理中心的地位日渐显著。雍正年间，河道一分为三：江南河道（南河）总督驻清江浦；河南、山东河道（东河）总督驻济宁；直隶河道（北河）总督驻天津。运河管理的强化，为漕运的顺畅和繁荣提供了可靠的保证。

河道总督衙门存续了600余年，有多位河道总督因倾心尽力地整治河道、管理河运，为后世所铭记。清初治河名臣朱之锡，心系河务，治水有方，他常年奔走在河道上，夜间与河工同住，遇到险情，更是亲临现场指挥抢险。在他任期内，黄河和大运河保持畅通，未曾发生大的水患。后来，朱之锡因过度劳累，在任上病逝，百姓感念于他的恩情，将他奉为"河神"。

如今，在济宁、淮安等地还流传着不少与河道总督衙门有关的故事，老百姓也以建祠堂等形式纪念着那些政泽黎民、鞠躬尽瘁的水利官员。

第四节

漕运总督

漕运是利用水道调运粮食的一种运输方式，也是一种由中央政府亲自掌管的专业运输。作为我国历史上一项重要的经济制度，漕运兴于秦，亡于清末，存在了 2000 多年。

明成祖朱棣迁都北京后，国用军需大部分取之东南，随着人口的增加，对漕运的依赖与日俱增，漕运的重要性不言而喻。为了保证漕运畅通，定都北京的明清两朝均设置漕运总督，掌管漕运事宜，与河道总督共同管理运河事务。

隋朝时，朝廷便在楚州（今淮安）设立漕运专署。明朝于 1451 年任命王竑总督漕运，驻扎淮安，这是设置漕运总督一职的开始。其主要职责除督促各省按时上缴、运送漕粮到京城外，还包括巡抚地方和兼管河道的维护治理。但在明朝大部分时间里，漕运总督并非固定官职，机构上也是废置无定，属临时差遣性质，只是在有需要时才作为中央代表出京督漕。明万历年间漕运总督李三才，处事雷厉风行，体恤民情，深得百姓拥护，任职长达 10 年，是明清漕运总督中

淮安总督漕运公署遗址入口

任职时间最长的人。

　　清朝更加重视漕运，漕运总督为正二品或从一品大员，与地方总督级别相当。清朝沿袭明制，漕运总督仍驻淮安，管辖山东、河南、江苏、安徽、江西、浙江、湖北、湖南八省漕政。漕运总督要督查和调度漕粮运输的全过程，重要情况需随时向皇帝报告。据史料记载，漕运最繁荣时，仅天津至通州段的运河上，一年就要通过漕船2万余艘，护漕官员、随从达12万人次。

明清时期，淮安因"运"而兴、因"漕"而盛，成为漕运指挥中心、河道治理中心、漕船制造中心、漕粮转运中心和淮盐集散中心，奠定了其"运河之都"的地位。康熙年间，河道总督迁驻淮安，遂有"天下九督，淮居其二"之名。许多朝廷重臣都曾在淮安督漕或署理漕运总督之职，其中不乏史可法、李瀚章（李鸿章之兄）、张之万（张之洞堂兄）等名士。禁烟名臣林则徐也曾担任过漕运总督一职。

1855年，黄河决口后改道，京杭大运河航道受阻，内河漕运难以为继。到1905年，漕运总督一职终被裁撤。

知识窗：清江大闸和清口枢纽

位于淮安的清江大闸和清口枢纽都是中国大运河重要的遗产点。

清江大闸是京杭大运河上维护得最好、唯一保存完整的古代石闸。清江大闸控制里运河的流量、调节水位，使漕运船只顺利通行，有"南北襟喉"之称。

清口枢纽位于黄河、淮河和大运河的交汇处，是大运河上最具代表性的枢纽。明清两朝，清口枢纽是大运河的咽喉，它是保证运河水源供应和漕运转运的关键所在。被誉为"水上长城"的洪泽湖大堤也是清口枢纽的组成部分。清口枢纽是中国古代治河工程史上理念最先进、工程最复杂、科技含量最高、成就最大的水利枢纽，堪称大运河上鲜有的、活态的"河工历史博物馆"。

第五节

漕帮与盐商

　　漕帮是民间对运河上漕运帮会的统称，帮会成员以运粮为业，也称粮船帮。漕帮出现于清初，发挥了协助官府处理漕运事务的作用。漕帮组织严密，有着严酷的帮规、家法，讲究江湖义气；成员来源较为单一，主要以无产业的青壮年男性船工为主，并吸纳了一部分底层读书人。

　　为了保障运粮顺利，各地漕船和船员按照所属地区营卫划分为不同的"帮"，如德州帮、赣州帮等，各帮拥有的漕船数量不一，多则七八十艘，少则十余艘。漕帮是漕运的主力军，一旦漕帮不配合，上到朝廷的皇粮军饷，下到老百姓的吃穿用度都将陷入困境，所以，从地方官府到中央朝廷都不敢轻看漕帮。后来漕帮逐渐形成尾大不掉之势，他们仗着是在为朝廷押运粮食，有的肆意敲诈，有的拦住河道公然讨要"买路钱"，还有的甚至狂妄到在光天化日之下打劫行凶，因此漕帮一直处于灰色的尴尬地位。清朝末年，随着海运的发展，大运河漕运逐渐衰落，漕帮帮众演化为青帮组织，成为清初以来流布最广、影响最深远的民间结社之一。

盐商因为食盐的运输和销售而崛起。盐历来就是不可或缺的生活物资和国家重要的税收来源，因此，自古以来中央政府多实行"盐铁官营"政策，禁止私人贩盐。唐朝后期推行新盐法，将原有的食盐官营模式改为由政府收购后转卖给商人，由他们进行运输和销售，自此，盐商这一群体正式登场。宋朝开始，政府会把食盐销售许可证（盐引）有条件地颁给民间商人，盐商在政府管控下从事食盐的垄断经营，而且还能将这种垄断资格传给后代。这种体制一直延续到清朝道光年间，盐商世家在传承中逐渐形成。

清朝居于扬州的盐商，就是一个特别富裕的群体。位于大运河与长江交汇处的扬州，不仅交通便捷，而且靠近两淮盐场，因此成为南方重要的盐运集散地。据史料记载，百万家产的只是小商，盐商之富可见一斑。1748年，乾隆皇帝南巡至扬州，扬州盐商花几十万两白银为他修建行宫，又修葺大虹园（今天的瘦西湖），供其玩赏，乾隆也忍不住感叹："盐商之财力伟哉！"

漕帮与盐商都是活跃在大运河上的特殊群体，他们在漕运、城镇经济和文化建设中发挥着不容忽视的作用，是我们全面了解大运河文化的重要路径之一。

第六节

郭守敬与潘季驯

大运河能够沟通南北、流淌千年，离不开历朝历代的悉心管理和维护，也离不开水利专家的智慧与付出。

郭守敬（1231～1316年），河北邢台人，元朝杰出的天文学家、数学家、水利工程专家。1262年，郭守敬向元世祖忽必烈当面陈述了关于水利的六条建议，受到赏识，被任命为"提举诸路河渠"，掌管各地河渠的整修和管理工作。第二年，他受命赴西夏（今甘肃东部、宁夏、内蒙古西部一带），治理因战争遭受破坏的水利。

郭守敬沿黄河两岸勘察地势水情，走访百姓，绘制地图，提出"因旧谋新、更立闸堰"的方案，即在疏浚废旧河道的基础上增开新河道，并在河道上修建闸坝。郭守敬率领民众在不到一年的时间里，修复、新建了数十条引黄灌溉渠道，并修建了许多水闸。至今仍在发挥作用的唐徕渠、汉延渠等十几条渠道就是当时重修的。西夏人民为了感谢郭守敬，在渠上建了郭氏生祠，并立碑记录了此事。

1275年，元朝开始修筑京杭大运河，郭守敬奉命勘察了泗水、汶水、御河等主要河流，设计了京杭大运河山东段的河道线路，为运河全面沟通奠定了基础。1291年，郭守敬实地考察向大都运送粮食的水路，分析前期失败方案，并提出大都运河新方案。忽必烈看后，非常高兴，特别重置都水监，任命郭守敬为都水监事。1292年，郭守敬领导开辟了通惠河，不仅根据大都的地形地貌解决了通惠河的水源问题，而且按地形地貌变化及水位落差，在运河中设闸坝、斗门，控制了河水的水量和水位。通惠河的完工，真正实现了大运河的全线通航，运粮的漕船可以通过运河，由杭州直达大都。

潘季驯（1521～1595年），浙江湖州人，明朝中期著名的水利学家，著有《河防一览》《两河经略》等。潘季驯四次主持治理黄河和运河，前后持续27年，是明朝治河诸臣中任职时间最长的。

潘季驯借鉴前人成果，总结历史经验，提出"以河治河，以水攻沙"的思想，发明"束水攻沙法"。具体做法是，增筑堤岸，防止河水外溢，建坝减水，以堤束水，最后达到以水攻沙的目的。经过潘季驯的治理，黄河河患相对减少，结束了黄河下游南流摆动漫溢的局面，河道基本固定，淮扬运河也相对平安，漕运较为顺畅。

潘季驯的束水攻沙法，对明朝以后的治河工作影响深远，不少水利史研究者和水利工作者都对潘季驯的贡献做出过很高的评价。德国河工专家恩格斯曾叹服道："潘氏分清遥堤之用为防溃，而缕堤之用为束水，为治导河流的一种方法，此点非常合理。"

小贴士：天文学家郭守敬

郭守敬在天文、历法、数学等方面的成就更加卓越。他制订的通行360多年的《授时历》，是当时世界上最先进的一种历法。为修订历法，郭守敬还改制、发明了12种新仪器，包括简仪、高表等。他还著有《推步》《立成》等14种天文历法著作。1970年，国际天文学会将月球上的一座环形山命名为"郭守敬环形山"。1977年3月，国际小行星中心将小行星2012命名为"郭守敬小行星"。中科院国家天文台也将国家重大科技基础设施LAMOST望远镜命名为"郭守敬天文望远镜"。

第七节

康熙南巡与乾隆下江南

　　大运河是事关政治稳定和国计民生的重大工程，从隋炀帝开始，沿大运河南巡成为历代帝王的重要政务。尤其是缔造"康乾盛世"的清朝两位皇帝，均六次下江南，成为大运河历史画卷中浓墨重彩的一笔，也是清朝政治史上的标志性事件。

　　清朝初年，黄河、淮河、运河交织在苏北一隅，那里水情复杂，黄淮泛滥，倒灌入运河，导致河道阻塞，甚至一度断绝南北交通运输。为此，康熙皇帝在亲政初期，把三藩、河务、漕运作为三件大事，写在宫中的柱子上，提醒自己这是亟待解决的重大问题。

　　20多年间，康熙先后六次经大运河乘船南巡，每次都把巡视治河工程作为重点。他视察水利，督修运河，并提出一些很有见地的具体措施，对治河有很大的推动作用。第三次南巡时，康熙沿途用水平仪亲自进行测量，发现黄河水位比洪泽湖水位高出许多。他指出这是产生灾害的根源，根治

康熙皇帝南巡

这是《康熙南巡图》第3卷记录下的康熙皇帝南巡到济南、泰安一带的情景。康熙正在济南府的城墙上检阅,身边有些随从,城门大开,先行的骑兵向城里进发。清朝宫廷画家王翚、杨晋等人绘制的《康熙南巡图》共有12卷,完整记录了康熙皇帝的第二次南巡(1689年),从离开京师到沿途所经过的山川城池、名胜古迹等,每卷都有康熙的身影。此卷现收藏于美国大都会艺术博物馆。

乾隆皇帝南巡

这是《乾隆南巡图》第 6 卷记录下的乾隆皇帝南巡到苏州的情景。乾隆刚刚骑马穿过了胥门，从桥头到桥尾跪满了前来迎接的臣民。清朝宫廷画家徐扬绘制的《乾隆南巡图》也有 12 卷，完整记录了乾隆的第一次南巡（1751年）。此卷现收藏于美国大都会艺术博物馆。

水患必须深挖河道。他制定了新的治河方案，并亲自部署实施。由于放心不下治河工程，康熙在50多岁时开启了他最后一次南巡之旅。他在工地现场反复考察，下令对洪泽湖出水口再次进行疏浚，加宽加深。康熙以民为本，实心求治，经过几十年的治理，两河安宁，漕运无阻，人民安居乐业，这对当时社会的安定和繁荣起到了促进作用。

与康熙轻车简从巡视江南不同，乾隆南巡的随从多达2500余人，每人配单马或双马，另有骡车400辆、骆驼800匹、纤夫3600人，乾隆六次南巡花费达2000万两白银，是康熙所用钱财的10倍以上。当然，乾隆南巡也并非如现代影视作品所演绎的那样，只是游山玩水、尽情享乐，他除第六次南巡外，前五次均认真视察了河工。乾隆曾自述"南巡之事，莫大于河工"。第一次南巡时，乾隆下令在洪泽湖大堤增修储水坝。根据他的旨意，洪泽湖大堤在"仁、义、礼"三座节水坝基础上又增建了两座石滚坝，即"智坝"和"信坝"，洪泽湖大堤上便有了"仁、义、礼、智、信"五坝。乾隆第二次南巡时，坚持到因黄河决口受灾的徐州视察，为保护徐州不再被黄河漫灌，他下令在徐州修筑护城石堤。诸多举措，促进了黄淮水利的发展，水患也因此减轻不少。

运河诗词：康熙笔下的大运河

看运河建坝处

〔清〕爱新觉罗·玄烨

十月风霜幸潞河，隔林疏叶尽寒柯。
岸边土薄难容水，堤外沙沉易涨波。
春末浅夫忙用力，秋深霖雨失时禾。
往来踟蹰临渊叹，何惜分流建坝多。

知识窗：大运河与常州

常州大运河是京杭大运河江南运河段的重要组成部分，也是江南运河中唯一连接长江和太湖的河段，属于江南运河穿越城区的典型代表。

常州城西篦箕巷的大码头，是乾隆下江南数次登岸之处。篦箕巷是明朝仅次于金陵驿的江南大驿毗陵驿所在地，旧称"花市街"，该地的"篦梁灯火"是常州古时八景之一。江南有谚云："扬州胭脂苏州花，常州梳篦第一家。"

第四章
大运河带来美好生活

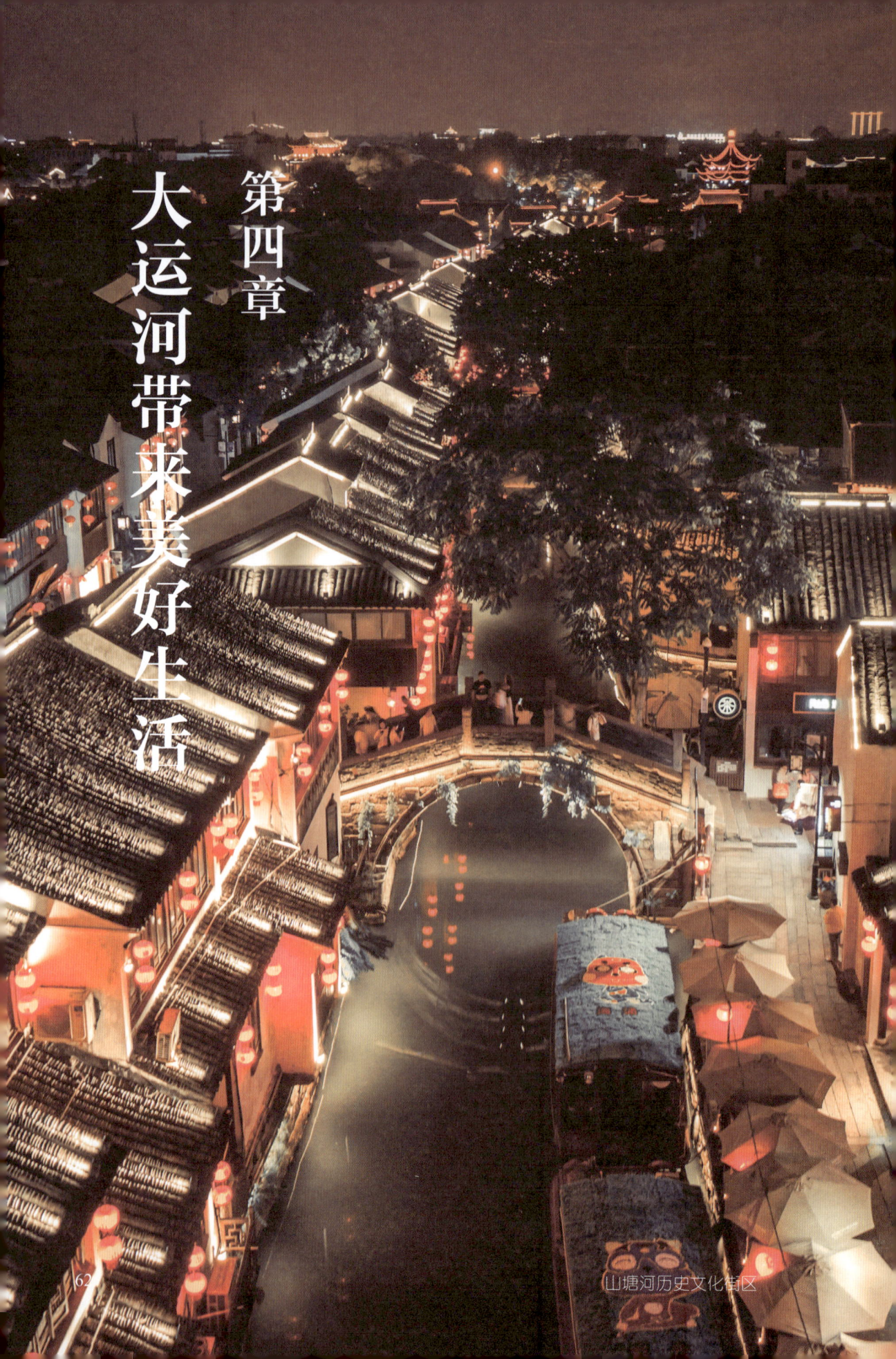

山塘河历史文化街区

第一节

守护家园的堤坝

堤坝是保护运河安全运行的水利建筑，或用以调节水量，或用以约束流向，或用以防洪防涝。从修建及作用上看，"堤"是指沿江、河、渠、湖、海岸边缘修筑的挡水建筑，主要用途是约束水的流向、流宽；"坝"则是垂直于江河水流方向修筑的挡水建筑，主要用途为抬高水位或调节流量。

隋炀帝开凿通济渠，用人工夯筑的坚固耐用的土体作为工程材料，在两岸筑堤，后世称隋堤。唐宋时期夯筑技术已十分成熟。通济渠商丘南关段，河岸最高处约5米，均为夯土堆筑。

沧州东光谢家坝，是南运河河北段仅存的两处土坝之一。坝体长218米，厚3.6米，高5米。据记载，清朝末年，一位姓谢的乡绅捐资从南方购进大量糯米，熬成米浆混合灰土、泥土，打入柏木桩，再逐层夯筑，筑成了谢家坝。建成后，堤坝整体稳定性良好，沿用至今。

戴村坝是保证大运河南旺枢纽水源的重要工程，分为主石坝、太皇堤和三合土坝，全长1600米。它用巨石砌筑，用锔子连接，以增强坝体抵抗力。三部分既各自独立，又相辅相成，形成了"三位一体"的独特布局，展现了水坝工程规划设计的巧妙构思。

洪泽湖大堤工程规模巨大，被誉为"水上长城"。其雏形是东汉时期修筑的高家堰，经明清两朝前后200余年陆续修建而成。1403年，明朝陈瑄筑洪泽湖东大堤，结构为夯土。后来潘季驯为疏通淮河出水通道，重修高家堰，砌石工墙防浪，所用玄武岩条石据测算共有60万立方米之多。至清朝全部修筑完成，共筑堤70.4千米。当时洪泽湖水位高达18米，湖面积约4000平方千米，全靠大堤守护两岸的土地和人民。

这些堤坝守护过而且仍在守护着我们的家园，它们代表了各个时代高超的水利规划和施工技术成就，也见证着水文环境的历史变迁。

第二节

造福百姓的桥梁

大运河沟通了南北水路交通，也在一定程度上影响了沿岸的陆路交通。在大运河沿线经济发达、人口稠密的地区，通常建有许多桥梁。为最大程度地保障船只通行，这些桥梁大多采用拱形，或单孔，或多孔。舟船在桥下航行，车马从桥上驶过，纵横交错的立体交通勾画出了各地的特色生活，造型各异的桥梁见证了运河兴废与城镇荣衰。

拱宸桥是大运河最南端的标志性建筑，东西向横跨大运河杭州段主航道。它是一座三孔薄墩联拱石桥，全长98米，

拱宸桥

桥面最宽处有5.9米，中间最高的桥孔高达16米，大型船只可以顺利通过。据记载，康熙、乾隆多次南巡，都是从拱宸桥进入杭州的。拱宸桥始建于1631年，此后周边逐渐形成了街市。经过清朝两次重建，拱宸桥地区逐渐成为漕运往来的交通要道和繁华商埠，一直到近代，都是杭州重要的商业中心。

八里桥则见证着大运河北端的兴衰荣辱。八里桥原名永通桥，横跨在通惠河之上，始建于1446年，因距通州城西八里而俗称八里桥。这座三孔石拱桥的中间桥孔高达8.5米，旁边两孔仅高3.5米，相差悬殊。这种构造是专为漕运设计的。通惠河是京城的主要运粮通道，运粮船只多是帆船，将中孔建造得相当高耸，漕船即可直出直入，因此有"八里桥不落桅"之说。八里桥是京城东部的门户，与京西卢沟桥齐名，是通州至北京城区的必经之处，也是经大运河北段向京

城运输粮草物资的必由之地，具有重要的战略地位。第二次鸦片战争期间著名的八里桥之战就发生在这里，它也是近代中国抗击外族侵略的宝贵见证。

位于苏州市吴中区的宝带桥始建于唐朝，全长316.8米，有53个桥孔，是中国现存古代桥梁中最长的一座多孔石桥；坐落在苏州市西郊的枫桥，是一座江南常见的月牙形单孔石拱桥，因唐朝诗人张继的《枫桥夜泊》而名扬四海；位于浙江省绍兴市的八字桥，设计建造巧妙，共有3个层面5处出口，连接3条道路，被称为"古代的立交桥"……

大运河上的这些桥梁，造型或巍峨雄浑，或古朴优美，展现出中国古代高超的造桥技术。它们不仅仅是一座座联系交通的桥梁，还承载了千百年的历史、悠久的运河文化与人们的情感记忆。如今的大运河古桥，铅华洗尽，雄风依旧，以坚实的身躯，继续造福当地百姓。

宝带桥

第三节

繁忙的码头

繁忙的运输造就了大运河边无数的码头。这些大大小小的码头,如珍珠般散落在运河两岸,舟船在这里停泊,物资在这里集散,商旅在这里驻集,辉映出一幅幅生动的运河繁盛图景。

被誉为"大运河第一码头"的张家湾位于北京市通州区东南部,曾是京杭大运河北端重要的水陆交通枢纽和物流集散中心。大运河通惠段开通后,张家湾成为重要的皇家码头,河运、海运漕粮都要经过张家湾转运京城。同时,还要接纳水运而来的商货和行旅。据统计,明朝开始,每年经张家湾抵达通州的各类船只有3万多艘。明朝中后期,通惠河改在通州城以北入运河,漕运中心北移至通州城。即便如此,张家湾作为商运和客运码头,仍是北京地区连接江南塞北最重要的水陆交通枢纽。

清河油坊码头位于河北省邢台市清河县,是大运河河北段仅存的砖砌码头。油坊码头用青砖砌筑,按运输对象划分为客运、煤运、粮运等不同类型，既扩大了码头的工作空间，增加了营运量，又不致拥堵。这种对码头功能与空间利用的规划设计，在当时的生产力条件下，具有一定的先进性和科学性，对研究古代水利工程历史具有重要价值。从明朝至民国初年，油坊码头舟来船往，商贾云集。白天桅帆不绝，夜间渔火闪烁，煤炭、食盐、粮米、日用百货等源源不断汇集此处，再转运到周边地区。曾经的油坊镇异常繁华，唱戏的、说书的、杂耍的应有尽有，被人们誉为"清河县的小上海"。

处在江南腹地的无锡，北倚长江，南濒太湖，京杭大运河穿城而过，河网密布，各种码头应运而生，也催生了近代无锡民族工商业的兴起和繁荣。无锡素有"米码头、布码头、丝码头、钱码头"之称，其中米码头盛极一时，一跃成为中国"四大米市"之首。1883年，无锡形成了北塘等八段米市，共有米行80家；1910年，无锡米市粮行发展到143家，粮业成为"百

无锡米码头遗迹

业之首"。之后，漕粮停办，无锡米市一度衰落，但随着粮食工业的兴起，加上附近多条铁路通车，无锡再次成为全国粮食的大集散地。

大运河边的码头也并非都是为运输与商贸而筑，来往的客商多了，用于休闲游览的书码头、戏码头、香码头等应运而生。生活在附近的人们，还会聚集在码头边淘米洗衣、拉家常。浓郁的水乡风情和文化气息随着大运河流淌与绵延。

知识窗：镇江西津渡

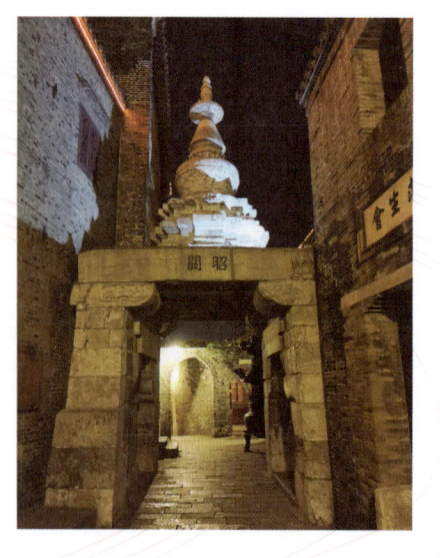

西津渡是大运河镇江段的重要地标之一。清朝的京口驿位于镇江府城西门外运河边，与俗称西码头的西津渡相邻。江南运河漕船离开江南前的最后一站，正是西津渡口。西津渡不仅是长江渡口，也是大运河漕运水路中的重要节点，它是江南运河的"北门"，是名副其实的"江南运河第一渡"。

西津渡的昭关石塔是仅存完整的"元朝过街塔"

第四节

枕水的城镇

大运河为物资流通提供了便利条件。各地商人依托大运河贩货易资，不仅保障和促进了沿岸城市的发展，而且孕育和繁荣了一大批新的城镇。

历代都城均与大运河联系紧密。隋唐时期的洛阳是隋唐大运河的中心点。北宋都城开封在选址、规划上深受运河影响，其漕运网络比洛阳更发达，汴河、蔡河、金水河与五丈河贯流城内，与城外的运河系统相衔接，合称"漕运四渠"。南宋都城临安（今杭州）是大运河的南端，通过江南运河与江淮、两湖、四川等地相连，通过浙东运河衔接会稽（今绍兴）、明州（今宁波）等地。元明清的首都北京是京杭大运河的北端，修建紫禁城的大量砖瓦、石料和木料都通过大运河北上，南方的漕船也要每年往北京运送数百万石粮食。这些都城作为运河上最重要的城市，日常运行离不开运河的滋养，同时也为运河的治理维护做出了贡献。

区域中心城市也因大运河而发达繁荣。在大运河北段，

城市的兴起和繁荣与河流交汇、漕运中转或运河改道息息相关。天津曾是内河及海运漕船换船的交通枢纽，更是元明清三朝南粮北运的中转站。临清亦在此时一跃发展为"绅士商民近百万口"的中心城市，是当时华北最大的棉布、绸缎和粮食等商品集散和贸易中心。枣庄地区因明朝开通泇河（大运河枣庄段），逐渐成为运河漕运重镇。

江南名城更与运河密不可分，苏州、无锡、常州等都是江南运河沿岸的重要城市。苏州被称为江南运河的中转枢纽，在隋唐宋都是江南第一大都会；自隋朝以来，常州便成为贡赋必由之路、漕运重要驿站，"舟车会百越，襟带控三吴"正是常州运河辉煌的真实写照。

此外，位于京杭大运河中部的淮安，地处大运河与古淮河的交汇处，被誉为"运河之都"；位于大运河与长江交叉口的扬州，一直是大运河上的要地；大运河入海城市宁波始终是一个优良的对外开放港。

第五节

昆曲与京剧

　　大运河是一条流淌着财富的河流，也是一条浸润着文化艺术的河流。在大运河沿岸，从来不乏丝竹之音和梨园风雅，从北到南，孕育出了各具特色的传统音乐、戏剧和曲艺形式，特别是孕育出了昆曲和京剧。

　　明清时期，大运河沿岸及其附近地区是各种戏曲的重要发源地和传播通道。有着近600年历史的昆曲，就诞生于运河岸边的苏州太仓南码头，它集南曲北戏的优点于一体，唱腔细腻优雅、柔情万种，也被称为"水磨调"。昆曲经苏州沿

这些中国昆曲博物馆展出的戏服，向人们展示着昆曲的清雅风尚和苏绣技艺的"精细雅洁"

这件中国昆曲博物馆收藏的堂名灯担，木制镂雕，镶玉缀宝，用髹漆工艺表现了众多戏曲人物故事，富丽精美，夜间演出更是灯彩辉煌、华丽缤纷

运河北上一直传入北京，成为当时最具影响力的戏曲形式，出现了"四方歌曲必宗吴门"的局面。此后两百年间，昆曲名家辈出，名作如林，其中最为经典的要属汤显祖的《牡丹亭》。剧中柳梦梅和杜丽娘穿越梦境和生死的爱恋，是连岁月也带不走的情思，一如昆曲自身的优雅，在一唱三叹的水磨调中千古流传。2000年，汤显祖被联合国教科文组织列选为"世界百位历史文化名人"之一，与英国戏剧家莎士比亚并列，这是对中国传统戏剧的最高褒奖。

京剧的诞生比昆曲晚，它的前身是安徽的地方戏，与昆曲有着千丝万缕的联系。1790年，乾隆皇帝八十寿辰，活跃在大运河流域的扬州盐商组织了一个名叫"三庆班"的徽戏班子进京献艺。三庆班的表演非常精彩，在京城崭露头角，之后"四喜班""春台班""和春班"等徽戏班子陆续进京，他们与来自不同地方的艺人合作，吸收不同戏曲的曲调和表演方法，通过不断的交流、融合，最终形成京剧，并以北京为中心繁衍、传播开来，深受全国百姓的喜爱。

京剧沿着大运河南下，江南地区"水路戏班"盛行，演剧活动空前繁荣。这些戏班以船为家，每到一处就在船上或水边搭台演出，观众则乘坐小船前往看戏。清朝末年，杭州茶园兴起，一度成为主要的戏曲演出场所，全国各地的京剧戏班从水路来到杭州演出，京剧名家谭鑫培、汪桂芬等都曾在此登台。

除了昆曲、京剧等著名大剧，在运河两岸的城镇及周边地区，反映运河民俗风情、风土人物的地方剧种也蓬勃发展。船工、纤夫等在劳动中经常哼唱的运河号子，经多方融合后形成了柳琴戏；山西、陕西商人到运河沿岸经商带来的山陕梆子，跟各地方言、曲艺等结合后形成了河北梆子、山东梆子、徐州梆子等具有地方特色的梆子戏；还有源于运河临清码头的山东快书、以扬州地方方言说书表演的扬州评话……这些传承中华文化基因的传统戏曲，像不停流淌的运河水，流过人们的心头，滋润着人们的灵魂。

第六节

衣被天下

中国自古以来就是礼仪之邦,"衣食住行"四个字,"衣"是摆在第一位的。运河沿岸,特别在江南地区,一些城镇因为拥有生产和销售丝绸、棉纱等布料的强大能力,而享有"衣被天下"的美誉。

位于大运河苏州段南端的吴江盛泽,从最初的一个小小村落,发展成为集市,再成长为丝绸大镇,可以说与运河水的滋养密不可分。以前,江南丝绸是一家一户养蚕缫丝的小农经济,运河贯通后,打开了当地丝绸业与外界的联系。唐朝时,江南的丝织产品吴绫已经成为进京的贡品,每个县都在生产,以吴江的最为有名。到了明朝中期,江南一些以织绸发家的人逐渐开始增加织机,在缺乏劳动力的情况下,雇用一些破产的农民作为雇工,在这一运作过程中,资本主义萌芽就产生了。江南丝绸业在明清时期达到顶峰。"日出万绸,衣被天下"形容的就是盛泽丝绸业的兴旺发达。今天,盛泽生产的宋锦,仍以国礼的身份活跃在国际舞台,向世界展示中国丝织文化的传承与创新。

元初，松江（今属上海市）一带成为全国的棉纺织业中心，赢得了"松郡棉布，衣被天下"的赞誉，历经数百年而不衰。松江织布驰名大江南北，甚至远销海外，离不开纺织家黄道婆的杰出贡献。黄道婆年轻时流落到海南岛崖州一带谋生，在那里跟黎族同胞学习纺纱织布技术。年迈后她返回故里，带回了优质的棉种，也带回了先进的纺织工具和技术。持续600余年的"棉业革命"由此开始，一举打破了以往丝绸、麻布一统天下的格局，改写了中国人穿衣的历史，"今棉之为用，可以御寒，可以生暖，盖老少贵贱，无不赖之"。

大运河不仅促进了各地服饰材料的生产、运输与售卖，还加速了不同地区服装花色、式样的流行与传播。北宋年间，江南地区的服饰流行"天水碧"（浅青色），因为运河的传播，"天水碧"很快就在北方流行开来。明朝以后，苏州、杭州等大运河沿线城市成为全国纺织业的中心，服装式样引领潮流，成为人们争相仿效的对象。

千百年来，大运河沿线服饰风尚的流行与革新，正象征着大运河的开放与包容，它寄托了民众对美好生活的向往，展现了一个淳朴自然、绚丽多姿的艺术世界。

第七节

流动的美味

大运河连接了大江南北,也给不同地区的饮食文化带来交融发展的机会。东西南北的饮食习俗在运河城市生根发芽、遍地开花,其中又以淮扬菜、回味饮食和码头小吃最为知名。

淮扬菜作为中国四大菜系之一,是以淮安和扬州为中心的地域性佳肴。大运河的漕运和盐运使淮安和扬州得以发展,粮商和盐商以及管理河道、河运事务的大小官员在淮扬会聚,推动了淮扬菜走向鼎盛。长鱼软兜(黄鳝)是最具代表性的淮扬菜。这道菜的烹制过程并不复杂,但要将它做出特点,从选料、余制、取肉、烫鱼,到烹饪时的调味、勾芡,每一道工序都有严格的要求。软兜做好后的嫩度尤佳,筷子一夹,鳝丝两头便柔软地垂下,

长鱼软兜

蟹粉狮子头

芡汁点滴不漏，全部兜住，故名软兜。长鱼软兜曾经在开国第一宴上率先登场，赢得了"共和国第一菜"的美名。大煮干丝、文思豆腐都是突显淮扬菜刀功高卓的代表。一块不足2厘米厚的方干，要均匀剖出20多片，每片不到1毫米厚；一块小小的嫩豆腐，要把它切成5000根豆腐丝。此外还有味鲜爽口的开洋蒲菜、肥而不腻的蟹粉狮子头、齿颊留香的白袍虾仁……淮扬菜集众家之长而成，口味集南北风味而聚，因此有"东南第一佳味"之美誉。

回族人民尤其是回族商人在大运河沿线频繁流动，为运河两岸带来了回味饮食。在天津、临清、济宁、淮安等地都形成了规模庞大、独具一格的民族风

大煮干丝

79

味餐饮，运河两岸回族经营的饮食店铺生意兴隆。牛羊肉是最具特色的回民食品；名满京城的"爆肚冯"由临清回族人创制；回族人婚宴中以黄焖鸡为代表的"八大碗"也受到百姓喜爱；"神州一奇"德州扒鸡也是德州回族经营的食品。运河两岸的回味饮食，在交流中形成了新的特色，丰富了运河区域的饮食生活。

明清两朝漕运繁忙，大运河上船只来往，不能久留，匆忙之中就出现了很多具有区域色彩的方便食品。如津门荟萃了像贴饽饽熬小鱼、狗不理包子、耳朵眼炸糕、十八街大麻花、锅巴菜、煎饼果子、果仁张之类的风味小吃。济宁的玉堂酱园和兰芳斋点心店兼顾南北风情，同时受到南北方人的欢迎，名噪天下。

大运河还是茶叶北运的主要通道之一，无数茶船沿着大运河北上，也带去了南方的饮茶之风。元朝以后，运河边的城镇内茶馆林立，人们在这里饮茶歇脚、聚朋会友、洽谈生意，逐渐形成一种兼容并蓄、富有运河文化特色的茶文化。

流动的大运河带来了交融的美味，东西南北的饮食文化在运河两岸城市里相映生辉，在传承中不断创新和发展。